INSTRUCTION

SUR

LE MICROSCOPE,

Construit d'après les principes de feu DELLEBARRE, *par* J.-G.-A. CHEVALLIER, *Ingénieur-Opticien, Membre de la Société Académique des Sciences, etc.*

Où l'on trouve la manière de se servir de cet instrument, avec l'analise de plusieurs descriptions sur les lunettes, perfectionnées et inventées en 1806 et 1807.

PARIS.

1807.

DESCRIPTION ET USAGE

DU MICROSCOPE

UNIVERSEL,

Construit, selon les principes de Dellebarre, par J.-G.-A. CHEVALLIER, *Ingénieur-Opticien, Membre de la Société Académique des Sciences de Paris.*

L'AUTEUR appelle ce Microscope *universel,* parce qu'il l'a

rendu propre à observer, en tout temps et de toute façon, quelque objet que ce soit, transparent ou opaque; et c'est avec d'autant plus de raison qu'il a pu le nommer ainsi, que pour le présenter à l'Académie royale des Sciences, il lui a donné, lors de son séjour à Paris, toute la perfection dont il l'a cru susceptible, et cela par les changemens et additions considérables qu'il a faits, et qui en ont beaucoup perfectionné la construction et les effets. Aussi, sur le rapport avantageux qu'en firent les commissaires nommés pour l'examiner, l'académie

(5)

lui accorda son approbation. Ce rapport, qui est très-étendu et des plus circonstanciés, se trouve inséré en entier dans le Journal Encyclopédique des mois d'août et de septembre de l'année 1777, dans lequel on verra au surplus le Mémoire qu'il lut sur la différence de la construction et des effets de cet instrument, lorsque le 30 avril précédent, il le présenta à l'académie.

Ce microscope se place dans sa boîte tout entier, en trois parties, dont le pied fait la première; la deuxième consiste dans une longue tige carrée, qui porte les deux miroirs de glace adossés l'un contre l'autre, et renfermés dans un même cercle ; la loupe servant à réunir la lumière sur l'objet, et au-dessus de cette loupe, une table ou platine où se pose l'objet. La troisième partie, qui est ce qu'on appelle proprement le corps du microscope, comprend tous les tuyaux et tous les verres oculaires, tous vissés et assemblés l'un dans l'autre, et portés par un cercle fixé à une autre tige carrée.

Comme la construction et les usages de ce microscope diffèrent entièrement de ceux des microscopes connus, et que les divers et principaux effets qui lui sont propres et particuliers, dépendent de la variation des positions, des distances et des combinaisons de ses verres, tuyaux et miroirs, qui y sont rendus mobiles et non fixés et arrêtés à la même place, comme dans les microscopes qu'on a faits ci-devant : il est absolument nécessaire d'entrer ici dans le détail : 1.º des différentes pièces du microscope, des divers mouvemens qu'on peut leur donner, et des lettres et numéros qui servent à les faire connaître; 2.º de ses divers usages ou des différen-

tes manières de s'en servir, pour
opérer les différens degrés d'a-
grandissement, de clarté, de distinction, et de champ ou air visi-
ble, dont cet instrument est susceptible, tant pour les objets
transparens ou diaphanes, que pour
les objets opaques.

L'auteur commence par la partie essentielle de l'instrument,
c'est-à-dire, par la description du
corps du microscope : cette partie
est composée de cinq tuyaux, de
cinq verres oculaires, et de cinq
lentilles objectives.

Le premier de ces tuyaux, qui
reçoit tous les autres, est marqué

de la lettre A. Ce même tuyau porte, à sa partie inférieure, un petit bout de tuyau étroit, qui est garni extérieurement et intérieurement d'un pas de vis : l'intérieur est destiné à recevoir le porte-lentille objective, et sur l'extérieur se visse le miroir concave d'argent, dont on fait usage pour éclairer les objets opaques.

Dans un premier tuyau se place un second tuyau B, lequel, par en bas, porte le verre intermédiaire, c'est-à-dire, celui que l'on place entre la lentille objective et les oculaires, qui sont le plus près de l'œil.

Dans un second tuyau on en place un troisième, marqué **C**, lequel, par en haut, porte les oculaires qui, sans y comprendre l'intermédiaire, sont au nombre de quatre. Chacun de ces verres, selon les diverses combinaisons que l'on veut faire, peut alternativement se visser aux tuyaux **B** et **C**, et par là devenir intermédiaire ou oculaire proprement dit. Ces cinq verres sont montés chacun dans une virole, portant une vis et un écrou du même pas, moyennant quoi on peut les employer, ou tous ensemble, ou séparément, et combinés de différentes façons.

Il y a un quatrième tuyau qui sert en certains cas et en certaines combinaisons de ces verres, à allonger le corps du microscope, c'est-à-dire, à augmenter la distance entre la lentille objective et les oculaires : ce tuyau, qui porte la lettre D lorsque les tuyaux se trouvent rassemblés, et tous les uns dans les autres, entre dans A, et reçoit B.

Le cinquième tuyau est marqué de la lettre E; ce tuyau se visse au tuyau C, au dessous ou bien au dessus des viroles des oculaires : dans le premier cas, il sert à augmenter la distance desdits oculaires au verre intermédiaire; et dans le second, à augmenter celle de l'oculaire à l'œil de l'observateur.

Les viroles portant les verres oculaires sont aussi au nombre de cinq; elles sont chacune marquées d'un numéro qui fait connaître la force des verres qu'elles renferment : par conséquent la virole n.º 1 renferme le verre qui grossit le plus, et ainsi des autres. Les verres contenus dans ces cinq viroles, et que l'on peut combiner de quantité de manières différentes, sont tous de différentes manières et de différens foyers.

Immédiatement au dessus de la

virole supérieure, c'est-à-dire, de celle qui est le plus près de l'œil, se visse la visière F, composée de deux pièces qui entrent à vis l'une dans l'autre, et qui en se vissant et se dévissant peuvent s'allonger ou se raccourcir, pour mettre ainsi l'œil juste au foyer antérieur des verres oculaires, selon que l'exigent les différentes hauteurs du microscope.

Enfin il y a cinq lentilles objectives, qui se vissent alternativement, selon la grandeur de l'objet que l'on veut examiner, dans le petit bout du tuyau A. Ces lentilles se reconnaissent à leur ouverture : la plus forte a la plus petite, et la plus faible a la plus grande ouverture. Celle qui grossit le plus est marquée n.° 1, et la moins forte porte le n.° 5.

Le corps entier du microscope est retenu par un cercle fixé à une tige carrée qui glisse dans une boîte de cuivre, laquelle s'adapte à l'extrémité supérieure de la grande tige de l'instrument; ce qui donne au corps du microscope un mouvement d'arrière en avant, et d'avant en arrière; et la boîte tournant elle-même sur un pivot, donne au microscope un mouvement de droite à gauche et de gauche à droite; de sorte qu'au moyen de ce double mouvement, on peut lui faire parcourir tous les points de la platine qui porte les objets : ces deux mouvemens, lorsqu'on veut arrêter et fixer la lentille sur un objet, s'arrêtent par autant de vis au dessous de la tige carrée : tout contre le cercle qui tient les tuyaux, est un bouton dont la tête est fort allongée, et qui donne beaucoup de facilité pour donner aux tuyaux les deux mouvemens dont on vient de parler.

La seconde partie du microscope consiste dans une longue tige carrée à laquelle sont adaptées toutes les autres pièces de l'instrument. Cette tige qui se fixe par une vis au pied du microscope, est en deux endroits brisée et à charnière, pour pouvoir 1.° l'incliner de manière à observer commodément assis; 2.° pour amener le corps du microscope dans une situation horizontale, afin d'y observer les objets par une lumière directe et non réfléchie.

Vers le haut de cette tige est placée la platine destinée à porter les objets qui s'y posent sur un verre plan. Cette platine peut se mettre à la distance convenable de la lentille objective par un mouvement de crémaillère très-doux, et cela au moyen d'un large bouton, qui se trouve à gauche, fixé à la boîte de cuivre qui tient la platine, et qui porte un pignon engrené dans un rateau, le long duquel la platine monte et descend facilement à mesure que l'on en tourne et détourne le bouton, et reste à toute distance pour mettre ainsi l'objet juste à son point. A cette platine, en dessus et en dessous, sont adaptés des ressorts qui servent à y arrêter toutes les pièces que l'on veut, comme des tubes, des lames de cuivre ou d'ivoire, etc. Au surplus, cette pièce porte à la droite un petit canon refendu, dans lequel glisse une petite branche d'acier, qui à l'un de ses bouts porte une pointe surmontée d'une pince qui s'y visse au-dessus, l'une et l'autre destinées à saisir les objets vivans et autres objets opaques; et de l'autre un petit anneau dans lequel on assujétit un porte-objet, au moyen d'une vis : ce petit canon qu'on fixe par un écrou au-dessous, tourne comme sur un pivot. Ainsi ces pièces peuvent se mouvoir à droite et à gauche, en avant et en arrière, et elles ont précisément les mêmes mouvemens que le corps du microscope; elles servent principalement quand l'instrument est

tourné directement au jour, ou incliné pour s'en servir étant assis.
A la gauche de la platine est une
petite ouverture qui a une portée
pour y recevoir un carton noir ou
blanc, sur lequel on peut mettre
quelque objet que ce soit ; l'on s'en
sert principalement lorsque l'on
veut examiner avec une lentille de
long foyer les objets dont les couleurs sont tendres et changeantes,
éclairées seulement par la lumière
du jour et sans aucune réflexion
des miroirs inférieurs. Enfin, dans
la grande ouverture de la platine se
met un verre plan sur lequel se
pose l'objet ; ce verre est à jour

dans toute son étendue pour les objets transparens, et porte une tache noire ou blanche, si l'on s'en sert pour les opaques.

Au dessous de cette platine, vers le pied du microscope, est un cercle fixé à une boîte de cuivre qui glisse dans la tige carrée du pied, et peut s'y fixer à tel point que l'on veut; ce demi-cercle porte deux miroirs de glace, l'un plan, l'autre concave, qui ont le mouvement horizontal et le double mouvement oblique antérieur et latéral, servant à réfléchir la lumière vers l'objet; ces miroirs, peuvent être pla-cés à différentes distances de l'objet, suivant les différens degrés d'intensité de lumière dont on a besoin.

Entre le miroir et la platine est placée une loupe ou verre convexe marqué VI, et destiné à rassembler sur l'objet les rayons de la lumière, et surtout de celle de la chandelle. Cette loupe, qui est pareillement fixée à une boîte de cuivre glissant dans la grande tige, a les deux mouvemens, le vertical et l'horizontal, pour qu'on puisse l'avancer, l'éloigner ou la supprimer au besoin. Le tout est porté sur un pied de cuivre, et c'est la troisième partie du microscope tel qu'il est arrangé dans sa boîte. Ce pied, qui est composé de trois consoles assemblées dans une base, reçoit dans son embase, la grande tige du microscope, qui y tourne dans toute direction, et s'y fixe par une vis, lorsque l'on veut se servir de l'instrument. Une des consoles se tourne en devant quand le corps du microscope est vertical, et en arrière lorsqu'il est horizontal ou incliné.

Outre le miroir concave d'argent, qui, comme on l'a dit ci-dessus, sert à éclairer les objets opaques, et se visse au bas du tuyau A à différentes hauteurs, selon les différens foyers des lentilles qu'on veut employer, il y a encore des diaphragmes de cuivre noirci à différentes ouvertures, dont les uns se mettent sur les miroirs de glace inférieurs, et les autres sur la loupe, pour en modérer la trop grande lumière, surtout lorsqu'on se sert de fortes lentilles ou qu'on observe des objets fort transparens avec quelque lentille que ce soit.

Il y a aussi une petite lame de cuivre arrondie par les deux bouts, noircie d'un côté et polie de l'autre ; cette pièce, lorsqu'on observe des objets saisis par la pince ou par la pointe, sert à inter-

cepter les rayons du miroir d'en
bas, pour que l'objet ne soit éclairé
que par la réflexion du miroir concave d'argent; elle se place directement sous l'objet, et se fixe à l'un
des ressorts de la platine.

Enfin deux boîtes fort propres, qui
s'ouvrent et se ferment à coulisse,
contiennent quarante objets transparens et opaques, arrangés proprement entre deux verres concaves
et très-minces, dans un petit anneau d'os ou d'ivoire, sur le revers
duquel est marqué le nom de l'objet. Ces objets, qui sont tirés des
trois règnes de la nature, et pour
la plupart, différens de ceux que

l'on fournit avec les autres micros-copes, doivent paraître d'autant plus curieux et intéressans, que depuis vingt-cinq ans et plus que l'on observe, on a toujours tenu note de tout ce qu'on a trouvé qui pût plus utilement s'appliquer au microscope, et que d'ailleurs on croit ne rien dire de trop à ce sujet, en assurant que l'on a acquis, par une expérience de tant d'années, plus de dextérité pour la préparation de ces objets, que par les moyens qu'emploient ceux qui les préparent ordinairement. Indépendamment des quarante porte-objets remplis que je fournis avec l'instrument, je livre à part aux amateurs des collections, grandes, moyennes et petites d'insectes et parties d'insectes développées et anatomisées, d'ailes et d'étuis d'ailes de mouches, scarabées, etc., de poils d'animaux, de plumes et plumasseaux d'oiseaux, d'écailles de poissons, de poussières de fleurs, de papillons, scarabées, et autres insectes, de plantes marines et terrestres, de tranches horizontales de bois et de plantes, de dissolutions de sels, etc. : le tout préparé pour être observé, partie transparente, partie opaque.

On passe maintenant à l'usage

particulier du microscope, ou bien aux différentes manières de s'en servir. L'habitude où l'on a été jusqu'à présent de se servir de microscopes dont la manœuvre était toute différente, pourrait faire croire qu'il y aurait plus de difficulté dans l'usage de celui-ci, par rapport aux différentes positions de ses verres, tuyaux et miroirs, lesquels, comme on l'a fait observer, sont fixes dans les autres instrumens de ce genre ; mais l'on a d'autant moins sujet de s'en plaindre, que c'est de ces variations mêmes que résultent quantité de propriétés, d'avantages que les autres mi—

croscopes n'ont point; et que, cette petite difficulté une fois surmontée, l'observateur trouvera avec cet instrument toutes les facilités et toutes les commodités imaginables, soit pour saisir promptement son objet et le mettre au point de distinction, soit pour l'éclairer convenablement, soit pour le faire successivement passer par tous les degrés d'agrandissement, de clarté, de distinction et d'extension qu'il juge à propos; mais pour cela il faut bien lire et relire ce qui précède et ce qui suit.

Pour bien se servir de ce microscope, il faut savoir : 1.° le monter et le disposer pour quelque combinaison et quelque objet que ce soit; 2.° arranger ou combiner les verres ou lentilles du microscope relativement à l'effet qu'on veut faire produire à cet instrument; 3.° donner la lumière convenable à la nature de l'objet transparent ou opaque que l'on veut examiner; 4.° amener le corps du microscope sur l'objet ou la partie de l'objet que l'on se propose d'observer; 5.° mettre cet objet au foyer de la lentille objective : on veut dire juste au point auquel on le voit distinctement. On entrera bientôt dans le détail de chacun de ces points, et surtout des trois premiers ; pour ceux qui ne veulent point se donner la peine de lire tout ce qui est ci-dessous pour l'usage particulier de cet instrument, ils peuvent d'abord s'en servir très-avantageusement en s'y prenant de la manière suivante :

Usages et Combinaisons générales du Microscope.

1.° Pour les objets transparens, vus de jour :

Ayant retiré de la boîte la partie qui comprend les tuyaux, il en faut d'abord ôter le tuyau ou allonge D, mettre en A en sa place le tuyau B, garni par en bas de la virole n.º 5, qu'il y faut très-peu enfoncer; puis, ayant sorti le tuyau B autant que faire se peut, le tuyau C, auquel sont vissées les quatre viroles marquées I, II, III, IV, il en faut ôter et mettre de côté les deux supérieures avec le tuyau E, qui est au-dessus, et sur les deux viroles n.ºˢ III et IV, qui restent au tuyau C, placer la visière F autant divisée qu'elle le peut être; après quoi, ayant placé dans le petit canon du tuyau A la lentille correspondante à la grandeur de l'objet que l'on veut observer, par exemple, les lentilles n.°ˢ 4 ou 5 pour les plus grands objets, et les lentilles n.°ˢ 2 ou 1 pour les plus petits, le corps du microscope se trouvera arrangé pour y observer toutes sortes d'objets transparens et opaques.

Cela étant fait, et la grande tige étant fixée, au moyen d'une vis, au pied du microscope, la table ou platine où se pose le miroir inférieur étant abaissée ou mise dans une situation horizontale, de même que la loupe qu'il faut toujours plier de côté, à moins que ce ne soit pour voir à la chandelle les objets transparens, il faut placer au bout de la grande tige la pièce qui porte les tuyaux, et ayant mis dans la grande ouverture de la platine le verre plan dont le centre n'a point de tache, et sur ce verre l'objet, il faut amener le miroir concave inférieur environ vers le milieu de la longueur de la tige, le tourner et l'incliner de manière que les rayons qu'il réfléchit portent sur l'objet, et qu'on le voie bien éclairé. Après cela il faut amener la lentille directement dessus, au moyen des divers mouvemens de droite et de gauche, d'avant et d'arrière qu'on a donnés à la pièce des tuyaux ; enfin tourner ou détourner un large bouton, qui se trouve à gauche, fixé à la boîte carrée qui tient la platine, jusqu'à ce que l'on voie distinctement son objet.

Si l'objet ne se trouve point éclairé comme on le souhaite, il faut alors porter les deux mains au cercle du miroir, et par les mouvemens horizontal et oblique dont il est susceptible, le diriger de façon que l'objet soit bien éclairé. Si la lumière paroît trop forte, il faut mettre sur le miroir un des diaphragmes de cuivre noirci, dont l'ouverture réponde au degré de distinction que l'on veut donner à son objet.

Diverses Variations de cette Combinaison.

Avec cette combinaison, toujours en se servant de la même lentille objective, on peut grossir successivement l'objet ainsi qu'on le juge à propos, et cela des trois manières suivantes :

1.° Par les distances que l'on met entre l'oculaire intermédiaire, vissé au bas du tuyau **B**, et la lentille objective : cela se fait en remettant en **A** l'allonge **D**, et le tuyau **B**, dans cette même allonge; puis en sortant successivement D de A et B de D; les divers allongemens que cette manœuvre donne au corps du microscope, donnent aussi à l'objet différens degrés d'agrandissement; mais à proportion que la distance augmente entre le verre intermédiaire et la lentille, à proportion celle des verres de l'œil à l'intermédiaire doit diminuer; ainsi il faut enfoncer C en B, à proportion que l'on sort D de A et B de D; mais on n'y doit guère enfoncer les viroles vissées à ce tuyau, pour que le verre intermédiaire ne tombe point dans le foyer des verres supérieurs, et ne vienne point ainsi former sur l'objet une espèce de voile, qui nuirait beaucoup à sa netteté. Quand le microscope est tout-à-fait allongé, la visière **F** doit être autant raccourcie qu'il est possible, parce que plus grande est la distance des oculaires à la lentille, moins grande doit être celle de l'œil au verre supérieur. En général, il faut visser ou dévisser la pièce F, jusqu'à ce que le champ du microscope se découvre entièrement.

Il faut encore observer que plus le microscope s'allonge, plus l'usage des diaphragmes sur le mi-

roir concave inférieur est indispensable, à cause de la déperdi-
tion de lumière causée par cet
allongement : l'ouverture du diaphragme doit être d'autant plus
petite, que les tuyaux sont plus al-
longés ou que l'objet est plus transparent.

Si cela ne suffisait pas pour donner à l'objet examiné toute la distinction nécessaire, il faudrait ou
baisser le miroir concave jusques
au bas de la tige, ou se servir du
miroir plan qui lui est adossé, po-
sant aussi sur l'un et l'autre des
diaphragmes, si le cas l'exige.

Le second moyen d'agrandis-

sement se fait par la simple sous-
traction du verre intermédiaire V, vissé au bas du tuyau B,
qu'on laissera en D, et D en A,
comme ci-dessus.

Dans ce cas, les diaphragmes
sont encore plus nécessaires que
dans le précédent; et comme l'œil
doit être plus éloigné du verre supérieur, il en faut ôter la visière F
toute entière, et en sa place y visser le tuyau E : par cette opération, l'objet se trouvera grossi pour
le moins du double.

La troisième manière de grossir
par les oculaires, toujours avec les
mêmes verres, la même lentille

objective et le tuyau D, c'est de visser en C, au-dessus des deux autres, la virole V qu'on a ôtée de B : cette manœuvre doublera encore la grandeur de l'objet et le champ du microscope; comme dans cette combinaison l'œil doit être plus près des verres que dans les combinaisons précédentes, il faut dévisser la partie d'en haut de la visière F, et la mettre immédiatement sur la virole supérieure; il faut aussi mettre sur le miroir inférieur le diaphragme à plus petite ouverture, et ne point trop forcer, c'est-à-dire, ne sortir le tuyau D de A, B de D, et C de B,

qu'autant que l'objet paraîtra distinct et bien terminé.

Si, sans se servir du tuyau D,
l'on voulait tout d'un coup tripler la
grandeur de son objet, il suffirait
de changer la position du verre intermédiaire V, c'est-à-dire, de
l'ôter de B, et de le visser en C,
au-dessus des deux autres viroles
qui y sont, mettant dessus la partie
d'en haut de la visière F, et sur le
miroir inférieur le diaphragme à
plus grande ou plus petite ouverture, selon que l'objet serait plus
ou moins transparent.

2.º Pour les objets transparens, vus à la chandelle.

Il faut observer tout ce qui a été dit ci-dessus, à la réserve qu'il faut amener au centre du miroir inférieur et de la platine, la loupe du n.º 6, qu'on place aussi près de la platine qu'il est possible, si l'on emploie le miroir concave, et environ à un pouce et demi si l'on se sert du plan, observant de chercher en haussant ou baissant la loupe et les miroirs inférieurs le long de la tige, le degré de clarté que l'on juge le plus convenable; si la lumière réfractée par la loupe est trop forte, comme pour les objets fort transparens, surtout lorsqu'on les observe avec de fortes lentilles, il faut aussi mettre sur cette loupe un diaphragme dont l'ouverture sera plus ou moins grande selon que l'objet aura plus ou moins de transparence.

Lorsqu'on observe à la chandelle avec de fortes lentilles, c'est-à-dire, avec les lentilles n.°ˢ 1 et 2, il vaut souvent mieux ployer la loupe de côté, et abaisser le miroir concave jusqu'au pied du microscope; la lumière qu'il donne alors est bien plus douce et bien plus convenable pour ces sortes de lentilles, dont l'ouverture est beaucoup plus petite, et si cette lumière se trouvait encore trop forte, on la modérerait par des diaphragmes, de la manière qu'il a été dit ci-dessus.

La chandelle doit être placée de manière que sa flamme soit à la hauteur de la platine, et qu'elle en soit à quatre ou cinq pouces de distance ; mais pour les objets opaques, elle en doit être aussi près qu'il est possible, sans risquer de se brûler.

3.° Pour les objets transparens vus partie transparente, partie opaque. Par exemple, pour voir la prunelle et le blanc des yeux des puces, etc.

Pour cela, laissant à la platine le verre plan qui est tout à jour, et au centre de ce verre l'objet, il faut, avec la lentille n.° 3, visser le miroir concave d'argent jusqu'à la moitié du petit canon du tuyau A, et mettre D en A, et B en D, tout à fait enfoncés l'un dans l'autre; C presqu'entièrement hors de B, et la visière F dévissée à moitié; puis il faut amener le miroir plan à deux ou trois pouces de distance, si c'est de jour que se fait l'observation, ou le miroir concave à la même distance, si c'est à la chandelle.

Il faut remarquer que la loupe ne sert jamais pour ces sortes d'objets, de même que pour les objets opaques, puisqu'elle intercepterait la plus grande partie des rayons qui doivent tomber sur le miroir concave d'argent; on ne s'en sert même point pour les objets transparens à la lumière du jour; car le redoublement de lumière qu'elle leur donnerait, nuirait beaucoup à la netteté et à la distinction de ces objets : dans ces trois cas, on la tourne de côté par le moyen de sa charnière, dont le mouvement est horizontal.

4.º Pour les objets opaques vus de jour.

Il faut mettre dans l'ouverture de la platine, le verre qui porte une tache noire ou blanche, et sur l'une de ces taches l'objet ; les couleurs claires sur le noir, et les couleurs plus foncées sur le blanc ; puis visser le miroir concave d'argent au bout du petit canon du tuyau A, si c'est la lentille n.º 4 que l'on emploie ; si c'est celle n.º 5, le visser à moitié et pour celle n.º 11 tout à fait. Après cela il faut amener le miroir plan à deux pouces environ de la platine. Enfin la lentille étant ramenée droit sur l'objet, on en cherche le foyer et le point comme il a été dit ci-dessus.

Si ce sont des objets mouvans que l'on veut examiner, on les fixera sous le corps du microscope par une pince ou une pointe, qui se placent dans le petit canon re-fendu de la platine, ayant soin de placer juste sous l'objet, au moyen d'un des ressorts de la platine, un des bouts de la petite lame de cuivre, le côté poli pour les objets de couleur obscure, et le noir pour ceux dont les couleurs sont plus claires. Si en place des viro-les n.ᵒˢ 4 et 3, qui sont vissées au

tuyau C, dans la combinaison générale, on met la virole I, seule
surmontée du tuyau E et de la visière F, on aura les objets opaques bien plus clairs, mais un peu
moins agrandis.

5.° Pour les objets opaques vus
à la chandelle.

Il faut pratiquer tout ce qui a
été dit ci-dessus, excepté que la
chandelle doit être placée beaucoup plus près de la platine que
pour les objets transparens, et
qu'il faut toujours pour les objets
opaques lorsqu'on les observe à la
chandelle, se servir du miroir

concave inférieur, qu'il faut amener à deux pouces environ de la platine.

Comme on ne peut pas forcer autant pour les objets opaques qui exigent bien plus de lumière que les transparens, si l'on veut grossir plus, en se servant de la même lentille objective, des trois manières de grossir par les oculaires que j'ai indiquées ci-dessus, il ne convient d'employer que la première, c'est-à-dire, que pour l'observation de ces sortes d'objets, il faut toujours que l'intermédiaire reste au tuyau B.

6.º Pour les objets, soit transparens, soit opaques, vus directement au jour, sans la réflexion des miroirs inférieurs.

Il faut d'abord ramener la lentille au centre de la platine, et fixer la pièce des tuyaux par le moyen des deux vis qui en arrêtent les mouvemens; puis, ayant ployé la charnière qui se trouve vers le milieu de la longueur de la tige, de façon qu'elle donne au corps du microscope une inclinaison d'environ quarante-cinq degrés, et tourné une des consoles du pied en arrière, on appliquera l'objet ou le porte-objet sous la lentille, au moyen de la pince, de la pointe ou du petit anneau de cuivre, qu'on fera aller et venir le long de la platine, à droite et à gauche, en avant et arrière, comme le corps du microscope, pour saisir, par ce moyen, l'objet ou la partie de l'objet que l'on souhaite d'observer, et que l'on mettra à son foyer de la manière qu'il a été dit ci-devant; il faut avoir soin, quand on ploie la charnière, que la boîte qui porte la loupe ne s'y trouve point engagée; et pour cela il faut l'abaisser avec celle du miroir inférieur vers le pied du microscope.

Cette position du microscope est

des plus avantageuses : 1.° pour l'observation de quantité d'objets, et surtout des plus transparens, qui se montrent bien plus distincte-ment lorsqu'ils sont éclairés par une lumière directe, que quand ils le sont par la réflexion des miroirs ; 2.° Elle donne la plus grande facilité pour tirer le dessin de l'objet qu'on observe, et pour en tracer sur-le-champ les contours, et par conséquent la grandeur apparente. Pour cela, il faut s'y prendre de la manière suivante :

Il faut placer le microscope de manière que la visière F ou les oculaires se trouvent juste à la hauteur

des yeux de l'observateur, qui en sera bien plus à son aise s'il se tient de-
bout ; puis, regardant de l'œil droit
à travers les verres, le gauche fer-
mé à l'ordinaire, on ouvrira insen-
siblement ce dernier, qui, par un
effet de la même impulsion causée
au premier, apercevra également
l'objet, mais en dehors et à côté
du champ du microscope ; on tien-
dra de la main gauche un carton
sur lequel on recevra l'image de
l'objet, et de la droite, qui reste libre, on tracera fort aisément
les contours : si l'image ne se voyait
pas assez sur la gauche, il faudrait
l'y amener par un léger mouvement

de la pince, pointe ou porte-objet.

Cette manœuvre est d'abord très-difficile pour ceux qui ne sont point accoutumés de voir par les microscopes l'objet des deux yeux à la fois; c'est pourquoi il faudra s'y exercer pendant quelque temps, et lorsqu'on y sera parvenu, l'on en retirera de plus cet avantage considérable, qu'on pourra aisément, quand les tuyaux seront placés verticalement, mesurer la grandeur apparente de son objet, en le comparant avec une règle bien placée sur la platine du microscope.

7.º Pour se servir du microscope étant assis.

Il ne faut pour cela qu'arrêter et fixer la pièce des tuyaux, et assujétir l'objet au moyen de la pince, etc., comme dans l'opération précédente, ou bien placer le porte-objet dans la petite ouverture de la platine; cela étant fait, et une des consoles du pied étant tournée en arrière, on ploiera la charnière qui est au bas de la grande tige, pour donner à l'instrument l'inclinaison correspondante à la hauteur à laquelle on se trouve assis.

Si cette inclinaison était trop grande, et que le miroir inférieur ne pût, par le mouvement oblique antérieur, renvoyer sur l'objet la quantité de lumière suffisante, on le fera aisément à l'aide du mouvement oblique latéral ou de côté, que, dans cette vue, l'auteur a aussi donné à ce miroir ou au demi-cercle auquel il est adapté.

8.° Pour se servir du microscope à la clarté de la lune.

Pour cela il faut amener la loupe au centre de la platine; et comme son foyer est trop faible pour qu'elle puisse rassembler assez de rayons sur l'objet pour l'éclairer convenablement, on en doublera la force, en plaçant sur cette loupe un des verres qu'on aura de reste (les n.os II, III et IV sont les meilleurs) et l'on approchera le porte-loupe, ainsi garni de ses deux verres, aussi près de la platine que faire se pourra, et le miroir concave inférieur à la distance d'environ deux pouces; après quoi on recevra directement sur ce miroir l'image de cette planète, et l'on aura soin de la suivre dans sa marche par le mouvement horizontal du demi-cercle auquel est fixé le cadre du cercle du miroir; et l'on aura ainsi son objet éclairé d'une lumière très-douce et très-belle.

L'on peut aussi, par cette manœuvre, lorsqu'après le coucher du soleil la lumière sombre du crépuscule oblige de serrer les autres microscopes, se servir encore assez avantageusement de celui-ci, qui rassemble aussi bien plus facilement le peu qui existe alors de lumière.

9.º Pour observer au microscope les objets dont les couleurs sont tendres et changeantes.

Il y a des objets, comme les ailes de mouches, de cousins, etc., les poussières de papillons, etc., dont les couleurs, qui sont des plus brillantes lorsqu'on les observe à travers les verres sans aucune réflexion des miroirs, s'altèrent et disparaissent presqu'entièremeut lorsqu'ils sont éclairés par quelque miroir que ce soit. Il faudra mettre ces sortes d'objets sur un petit carton noir ou blanc, qu'on placera dans la petite ouverture de la platine, et qu'on inclinera de manière que le jour extérieur donne facilement dessus : cela fait, et le miroir inférieur étant mis du côté opposé, au moyen du mouvenrent horizontal de son demi-cercle, on amenera le corps du microscope sur l'objet, qu'on n'observera qu'avec une des lentilles n.ºs III, IV et V, parce que les deux autres, par leur trop grande proximité de l'objet, intercepteraient presque toute la lumière extérieure; et, pour donner à cet objet l'agrandissement convenable, on emploiera la première des trois variations qui ont été indiquées ci-dessus à l'article de la combinaison générale.

En voilà assez pour mettre au fait de la manipulation extérieure de ce microscope, et pour guider la plupart des observateurs dans les opérations principales; mais, pour ceux qui veulent tirer de cet instrument tout le parti possible, c'est-à-dire, pour les observations

les plus délicates, qui dépendent
des diverses positions et combinaisons des verres oculaires, et des
différens emplois que l'on peut faire des miroirs pour donner à l'objet qu'on examine, et l'agrandissement, et la modification de
lumière qui lui sont le plus convenables : je me propose d'entrer
par la suite dans un plus grand détail, et d'indiquer en premier lieu
les différentes combinaisons de ce
microscope avec l'effet qui leur est
propre, et la manière de les former; en second lieu, de faire voir
comment il faut ménager la lumière réfléchie par les miroirs, pour

donner à son objet la distinction et la netteté réquises. Je donnerai ensuite quelques remarques concernant l'observation de diverses espèces d'objets, et la manière de les appliquer au microscope.

Usage du Microscope Dellebarre, perfectionné en 1796.

Ce microscope, dont la multiplicité des combinaisons, par un continuel déplacement de tuyaux, de verres, de lentilles, rendait l'usage très-difficile et très-embarrassant, vient d'être simplifié par son auteur, qui, aux quarante combinaisons différentes et plus, dont il était susceptible, en a substitué quatre, avec lesquelles il opère, non-seulement toutes les variations progressives de champ, de clarté et d'agrandissement de son ancien système ; en outre il a réussi, par une nouvelle disposition de verres, à en doubler la clarté, le champ porté maintenant à trente-six pouces, et la faculté ampliative à quinze cent millions de fois en cube.

Ce microscope est maintenant composé de cinq lentilles, de cinq oculaires dont l'intermédiaire est fixé près de la lentille, dans un petit tuyau à vis, qui n'a que trois lignes de jeu ; les quatre autres sont renfermés en trois viroles, dont la supérieure, marquée 1, porte le verre le plus fort, c'est-à-dire, celui qui grossit le plus ; la virole suivante, n.° 2, en renferme un autre plus faible, et celle au-dessus des deux premières, qui est double et qui contient deux verres qu'il ne faut jamais déplacer, est marquée du n.° 3. Avec ces trois viroles se forment les quatre combinaisons dont j'ai parlé ci-dessus : la première, avec la virole 3 seule, en ôtant et mettant de côté les viroles 1 et 2 ; la seconde, en vissant la

virole 2 sur la virole 3, la troisième
en vissant immédiatement sur la
virole 3 celle qui porte le n.° 1, en
ayant ôté préalablement la virole 2;
et la quatrième, en mettant les viroles 1 et 2 en place de la virole 3,
qu'on met alors aussi de côté.

Usage de la première Combi-
naison.

Cette combinaison, formée par
la seule virole 3, sert principalement pour les objets opaques et
pour toutes sortes d'objets, avec la
lentille n.° 1, et aussi avec la lentille n.° 2. Quand on donne aux

tuyaux un allongement considérable, outre la visière composée de
deux pièces, il faut visser immédiatement sur la virole 3 la moitié du
tuyau d'allonge, qui est également
composé de deux pièces, dont on
met alors la seconde de côté.

Usage de la seconde Combi-
naison.

Cette combinaison, formée par
les viroles 3 et 2, en mettant dessus seulement la partie d'en haut
de la visière, est la plus ordinaire
et celle dont on se sert le plus souvent avec toutes sortes d'objets

transparens, et toutes les lentilles, même celle n.º 1 : si l'on ne donne au tuyau que peu ou point d'allongement, cette combinaison, qui offre beaucoup de clarté, donne aussi un très-grand champ.

Usage de la troisième Combinaison, formée par les viroles 1 et 3.

Tout ce que j'ai dit ci-dessus, au sujet de la combinaison précédente, a lieu dans celle-ci, excepté qu'elle grossit plus, et qu'elle donne un champ encore plus étendu. Sur la virole 1 il ne faut mettre que la partie supérieure de la visière, pour ne point trop éloigner l'œil du foyer antérieur des verres dont cette combinaison est composée.

Usage de la quatrième Combinaison composée des viroles 1 et 2 mises en place de la virole 3.

L'usage de cette quatrième combinaison est le même que celui de la première : toute la différence est que celle-ci, quoique procurant un peu moins de clarté, grossit plus, et donne un plus grand champ que l'autre. Il faut de même, dans celle-ci, ajouter à la visière la moitié du tuyau d'allonge E.

A ces quatre combinaisons on pourrait en ajouter une cinquième composée de tous les verres, c'est-à-dire, des trois viroles, sans aucune visière ; mais cette combinaison, qui grossit plus, ne donne pas un beaucoup plus grand champ, et procure moins de clarté que les précédentes : au surplus, on ne pourrait guère s'en servir convenablement qu'avec les lentilles 4 et 5 ; car elle offrirait trop d'obscurité avec les trois autres.

Usage des Miroirs inférieurs.

Le miroir concave de glace sert pour tous les objets transparens, vus soit de jour, soit à la chandelle, et pour les objets opaques aussi à la chandelle. Pour ces derniers objets, il faut, autant que possible, rapprocher le miroir de la platine et de la chandelle, dont la flamme doit être environ à la hauteur de cette platine. Pour les objets vus de jour, on se sert du miroir plan adossé au précédent : on s'en sert aussi pour les objets très-transparens, comme sont, par exemple, dans les liqueurs, les animalcules d'infusion, qu'une lumière trop concentrée empêcherait d'apercevoir distinctement.

Usage des Diaphragmes.

L'usage de ces pièces est très-important : on ne peut s'en passer avec les lentilles fortes, et lorsque l'on observe des objets d'une très-grande transparence : ils portent différentes ouvertures , pour ôter plus ou moins de rayons de lumière , selon que l'objet est plus ou moins transparent; si les grands ne suffisent pas , il y en a deux autres plus petits que l'on ajuste au grand , dont l'ouverture est plus petite.

Ces petits diaphragmes sont principalement destinés à être mis sur la loupe qui est placée entre les miroirs inférieurs et la platine qui porte l'objet vu à la chandelle seulement.

Ces diaphragmes grands et petits servent à donner plus de distinction à l'objet, en supprimant les rayons collatéraux, pour n'éclairer cet objet que par des rayons plus directs.

Usage de la Loupe.

On ne se sert jamais de la loupe avec les objets opaques, parce qu'elle intercepterait les rayons qui, du miroir inférieur, doivent porter sur le miroir d'argent supérieur; ni de jour, avec quelque objet que ce soit, transparent ou opaque : on ne s'en sert donc que pour les objets transparens, vus à la chandelle seulement avec les lentilles 3, 4 et 5; car pour les lentilles n.ºs 1 et 2, il faut abaisser le miroir concave inférieur jusqu'au bas de la tige. On pourrait cependant avec ces deux lentilles se servir de la loupe; mais, pour cela, il faudrait mettre sur le grand diaphragme à petite ouverture le petit et le plus ouvert, sur la loupe le petit diaphragme dont l'ouverture est la plus petite, et rapprocher le miroir concave inférieur à demi-distance de la platine et du pied du micros-cope.

Usage du Miroir d'argent.

Ce miroir, comme je l'ai déjà dit, sert pour les objets opaques : on le visse sur le petit canon du tuyau extérieur, a différentes dis-tances, selon que la lentille que l'on emploie est d'un foyer plus long, ou plus court : avec la len-tille n.° 5, il faut employer une petite allonge qui se visse sur le petit canon ci-dessus, et au bas de laquelle se visse le miroir d'argent.

Ce miroir ne s'emploie guère

qu'avec les lentilles 2, 3 et 4, avec lesquelles il est spécialement combiné : il s'emploie aussi pour observer les objets tout à la fois comme transparens et comme opaques, mais seulement avec les lentilles 2, 3 et 4. Pour cela, on se sert du verre plan qui ne porte point de tache, pour que l'objet soit en même temps éclairé par en haut et par en bas : et alors, au même instant où l'on voit l'intérieur de l'objet, on aperçoit aussi les traits et les divisions extérieurs répandus sur la surface : par exemple, dans les puces, on voit non-seulement les intestins, mais encore la configuration des

yeux, le blanc, l'iris et la prunelle, etc.

On ne se sert presque jamais de
diaphragmes quand on observe les
objets opaques, pour lesquels on
n'a jamais trop de lumière ; c'est
pourquoi, pour l'observation de
ces objets, il faut toujours, autant
que faire se peut, approcher de la
platine le miroir inférieur, soit
plan, soit concave.

J'oubliais de dire qu'avec les objets opaques, il faut se servir du
verre plan qui porte une tache noire d'un côté et blanche de l'autre,
mettant sur la noire les objets de
couleur claire, et ceux de couleur

obscure et foncée sur la blanche ; à moins qu'en supprimant ce verre plan, on ne se serve de la petite palette polie d'un côté et noircie de l'autre, que l'on fixe au centre de la platine, au moyen d'un de ses ressorts d'acier. Cette palette est spécialement destinée à être mise en dessous de la pince adaptée sur la platine, à un petit canon mobile en tous sens. Cette pince sert à observer plus commodément les objets opaques, vivans et autres.

Je dois encore ajouter ici que, pour voir les objets opaques encore plus clairs, mais moins grossis et dans un champ moins étendu, il faut

se servir de la virole 1 toute seule,
en supprimant les deux autres ; mais
pour lors il faut mettre au-dessus le
tuyau d'allonge D tout entier, sur-
monté de la visière également toute entière. Cela peut être aussi
très-utile, quand on veut donner,
avec la lentille n.° 1, le plus grand
allongement aux trois tuyaux ;
mais seulement pour les objets
transparens.

Si l'on voulait grossir les objets
observés à un point extraordinaire,
produire un effet beaucoup au-dessus de celui qu'on peut obtenir par
les quatre combinaisons précédentes, avec quelqu'allongement de

tuyau que ce soit, il faudrait dévisser le cul-de-lampe qui est au bas du
tuyau extérieur, en ôter le verre intermédiaire ; puis avec la première
ou la quatrième combinaison et la
lentille n.° 1, donner progressive-
ment aux tuyaux un plus grand allongement, jusqu'à ce que l'objet
devienne trop obscur ou trop peu
distinct ; mais il ne faut employer
que très-rarement ce moyen qui
produit nécessairement trop d'obscurité, et le réserver pour les objets dont la transparence est ex-
trême.

FIN DE LA DESCRIPTION DU
MICROSCOPE.

Juin 1806.

INSTRUCION sur les Besicles à la Franklin, réunissant le double mérite de faire voir de loin et lire de près, construites par J.-G.-A. Chevallier, *Ingénieur-Opticien, etc.*

> O miros oculos, animæ lampades,
> Et quâdam propriâ notâ loquaces!

POURQUOI, lorsqu'entraînés par une noble émulation, tous les ministres de chaque partie de l'art de guérir s'élancent d'un commun essor pour arriver vers la perfection, *l'oculisme* seul reste-t-il autant en arrière sous le rapport médical ? Si l'on en excepte la manœuvre opératoire, dans laquelle il faut avouer que quelques artistes en très-petit nombre excellent aujourd'hui, les ressources de cet art sont bornées à quelques recettes routinières, à quelques collires innocens. L'incurie est poussée en ce genre à un tel point, qu'un oculiste ne saurait discerner, en observant les yeux d'un presbyte ou d'un myope, le numéro des verres propres à la vue de chacun d'eux. Il n'existe même pas de signes déterminés par l'art pour reconnaître avec certitude de combien de

degrés sont éloignés les points visuels de deux yeux appartenans au
même individu; quel moyen il faut
employer pour les ramener gra-
duellement à la même portée, et
les fortifier ainsi l'un par l'autre.

Voici le résultat de deux ans
d'expériences relatives à cet objet:
il existe en général une différence
sensible entre le point d'optique
des deux yeux de chaque individu,
myope ou presbyte. Cette différence est quelquefois de 6, 8, 10 degrés et plus d'intervalle entre les
numéros des verres convenables à
chaque œil; mais elle est tellement
peu sensible, si l'on n'y fait pas

réflexion, que tel homme sera bien surpris d'apprendre que jusqu'ici il ne s'est habituellement servi que d'un seul œil pour voir de loin, et de l'autre pour voir de près; car, par un mécanisme très-étrange et dont on ne se rend compte que parce que l'épreuve qu'on en fait conduit à son explication, l'œil qui voit le plus loin voit mal de près, et réciproquement, parce que les rayons lumineux se rassemblent pour l'œil presbyte trop applati, et s'éparpillent pour l'œil myope et trop sphérique.

Or, voici le problème à résoudre; et je le propose à la fois et aux oculistes et aux opticiens : Faire coïncider les deux point visuels des deux yeux, en employant successivement un verre d'un degré moindre, et un autre verre d'un degré plus élevé pour parvenir, par une dégradation insensible et lente, à rapprocher le plus possible du centre commun les deux points divergens de chacun des deux ministres de l'organe, comme on ramène à la même opinion deux avis dissidens.

L'effet des verres concaves est de rapprocher des yeux myopes les objets éloignés; mais s'ils sont utiles pour voir de loin, ils ne peuvent

servir à lire de près; les verres con-
vexes ont un effet tout opposé; de
là un moyen tout simple, et dont
l'initiative est due au docte Franklin, à qui on pourrait dérober cette découverte sans nuire à sa gloi-
re; mais dont on doit réclamer l'at-
tache du nom, parce qu'il ennoblit
une invention simple et pourtant
ingénieuse et réfléchie. Elle consiste à mettre en contact deux segmens
de verre, dont un concave au degré convenable à tel myope, et
occupant la partie supérieure du
cercle de la lunette; l'autre placé
plus bas et approprié à une vue
ordinaire; bien entendu qu'il faut

établir entre les deux verres concaves la différence qui existe entre la
portée de chacun des deux yeux.

En attendant que les oculistes
aient tracé une échelle optique ap-
plicable aux différens cas que nous
venons d'indiquer sommairement,
M. Chevallier, opticien, membre
de l'Athénée des arts, vient de s'oc-
cuper de ce travail intéressant. Ses
succès doivent l'encourager; et les
personnes à vue myope ou presbyte lui devront autant de reconnais-
sance que les amateurs de la mé-
téorologie lui en ont déjà voué.
On ne trouve chez aucun artiste
des instrumens mieux confection-

nés que chez lui ; et nous croyons être plus utiles au public qu'à lui, en disant qu'il demeure à Paris, quai de l'Horloge, n°. 1, vis-à-vis le Pont au Change.

(*Extrait de la Gazette de Santé.*)

~~~~~~

Août 1806.

COPIE d'une lettre écrite de Strasbourg, par M. Chamseru, *Docteur en Médecine, à* M. Chevallier.

J'AI lu avec bien de l'intérêt, mon cher collègue, votre article inséré dans le *Journal du Commerce* du 14 juin (n°. 185.)
~~~~~~

Ce que vous appelez l'*oculisme* ou la science oculaire, vous semble, avec raison, de toutes les parties de l'art de guérir, la plus arriérée. C'est qu'il n'y a jamais eu rien à obtenir du commun des oculistes. S'il paraît de temps en temps des nouveautés utiles, on les doit à des hommes qui possèdent l'universalité des connaissances médicales. Le célèbre *Louis* a insisté sur cette vérité, en parlant de l'oculiste dans l'ancienne Encyclopédie. Ne leur demandez donc rien, mon cher collègue, sur le choix raisonné des secours internes et externes applicables aux yeux, et dont les

discernement exige la connaissan-
ce expérimentale de toutes les autres branches de l'art de guérir;
n'attendez rien ou presque rien
d'eux sur l'anatomie de l'œil, encore moins sur l'optique mécani-
que.

Vous savez mieux que personne
combien, dans cette partie de l'hy-
giène ophtalmique, dont les anciens
ont été absolument dépourvus,
on est redevable aux modernes.
Mais c'est à quelques médecins,
à des physiciens, aux géomètres,
et à plusieurs habiles mécaniciens,
que toutes les découvertes en ce
genre appartiennent. Permettez-

moi cependant d'excuser l'incurie
que vous reprochez aux oculistes,
pour ne pas discerner le numéro
des verres propres à la vue d'un
presbyte ou d'un myope, et ne pas
reconnaître de combien de degrés
sont éloignés les points visuels des
deux yeux du même individu, ni
par quel moyen on peut les ramener à la même portée et les accor-
der l'un à l'autre.

Sur la première question, j'observe que le besoin de lunettes ou
de besicles pour une vue, soit longue, soit courte, oblige chacun à
faire par lui-même l'essai du foyer
qui lui convient. Cette recherche

est un tâtonnement indispensable, dont le résultat suffit, et donne la distance des points visuels dès qu'on a trouvé pour chaque œil le numéro à l'aide duquel on distingue l'objet avec netteté, dans sa grandeur naturelle. En répétant de tels essais sur beaucoup de personnes, on découvre des anomalies, des cas d'exception assez nombreux, qui procèdent de la complication d'un sens émoussé par la faiblesse relative de l'organe immédiat de la vue. Quelques presbytes, et surtout des myopes, ne tirent alors aucun secours des conserves, parce que ce qui peut être utile pour ajouter aux milieux réfringens, ne peut rien changer à *l'habitude*, à la débilité nerveuse.

La deuxième question, mon cher collègue, est le problème que vous venez de résoudre par votre instruction sur les besicles à la Franklin. Les oculistes profiteront de l'expédient que vous leur offrez ; mais ils ne vous traceront point l'échelle optique que vous leur demandez. C'est à vous-même à la fixer, par la justesse et les applications répétées de vos aperçus, et par les occasions de plus en plus fréquentes que vous aurez de diversifier vos observations. Si les miennes peuvent vous être agréables, je vais vous en proposer quelques-unes.

1.° J'adopte avec vous la différence d'un œil à l'autre pour la portée de la vue. En supposant les organes assez sains, assez bien constitués, un œil se trouve myope, et l'autre presbyte; celui-ci a besoin d'un verre convexe, et celui-là de verre concave. La différence peut encore consister dans le degré de vue courte ou longue, plus marqué d'un côté que de l'autre, en admettant l'état naturel le plus ordinaire, celui où les deux yeux ont une même sorte de vue. Je consens que la différence soit quelquefois de 6, 8, 10 degrés et plus; mais je l'ai plus souvent constatée de 1, 2, 3, 4 et 5 pouces au plus : je suppose que nous convenions ici d'une même mesure du degré, soit par pouce soit par centimètre.

Je me citerai pour exemple. J'ai cinquante-huit ans; ma vue a toujours été longue; mes yeux, long-temps de la même portée, ont été égaux en bonté. Je me suis, par hasard, aperçu, depuis que vous m'avez donné, il y a trois ans, des verres du numéro 14 ou 13 $\frac{1}{2}$, que mon œil gauche avait pu s'affaiblir en apparence; il n'en est rien en réalité; cet œil devenu plus pres-

byte que le droit, il lui faut aujour-
d'hui le numéro 9 ou 10, tandis
que j'en suis au numéro 11, pour
l'œil droit. Je suis persuadé que,
réduit à des besicles d'un même
numéro 11 je ne lis et je n'écris
que de l'œil droit. Je vais tâcher de
suppléer ici, auprès de quelque
bon opticien, à ce que je ne puis
faire avec vous dans l'éloignement
où me tient la vie militaire.

2.° Quant aux verres mi-partie,
c'est une combinaison que vous
continuerez sans doute de varier,
suivant le besoin de se servir des
mêmes disques de monocles ou de
binocles, en deux moitiés de verre

à surface différente, pour promener à volonté les regards dans l'horizon, ou les borner à la portée de la main. Le cas le plus commun entre les myopes et les presbytes n'est peut-être pas facile à déterminer; il peut y en avoir autant des uns que des autres, et beaucoup de ceux qui se sont habituellement servis, sans le savoir, *d'un œil pour voir de loin, et de l'autre pour voir de près.* D'après vos propres observations, pour mélanger vos moitiés refringentes, je conclus et je me confirme qu'il y a trois sortes de vue native, et que la troisième est la vue moyenne, ou *mésopie* qui tient, soit d'un seul œil soit de tous les deux, de la vue longue, pour voir les objets de près à une distance raisonnable, et qui, comme la myopie, n'embrasse qu'un très-court horizon.

Agréez, je vous prie, mon cher collègue, l'assurance de ma parfaite considération.

Signé, CHAMSERU, doct. méd.

(*Extrait du Journal du Commerce.*)

~~~~~~~~

Septembre 1806.

M. CHEVALLIER, ingénieur-opticien, membre de l'Athénée des Arts, vient d'adapter aux besicles
~~~~~~~~

un nouveau mécanisme, dont les personnes habituées à leur usage appuieront toute l'utilité.

Cette invention, aussi simple qu'ingénieuse, permet d'écarter ou rapprocher à volonté les deux cercles contenant les verres, et de ramener ainsi chaque point visuel à son véritable centre, quelle que soit la dimension de la tête du presbyte ou du myope : l'écartement ou le rapprochement des verres nuit bien plus qu'on ne pense à l'organe qui doit se trouver placé précisément vis-à-vis du centre du verre, pour obtenir la plus grande convergence ou divergence possible de rayons,

9

et il ne faut souvent pas attribuer à une autre cause que la fausse direction des verres relativement à chaque œil, la fatigue qu'ils éprouvent de l'usage des lunettes, telles qu'elles cessent d'être appropriées à la vue à laquelle elles convenaient, et qu'il devient nécessaire de changer de numéro tous les trois à quatre mois, nécessité vraiment alarmante pour ceux qui savent qu'il arrive un numéro au-delà duquel il n'existe plus de verres propres à éclairer la vue.

Cette invention a encore un mérite non moins précieux, c'est qu'avec le numéro du verre en usage,

M. Chevallier peut, en l'absence du porteur de lunettes, lui en choisir, avec la certitude qu'elles lui conviendront de même que si le choix avoit été fait par l'acheteur en personne, et avec une telle sûreté, que ces especes de lunettes peuvent, au moyen de leur petit mécanisme, s'adapter à une tête d'un enfant de douze ans comme au front d'un homme de soixante ans.

Il continue la fabrication de ses besicles *à la Franklin*, dont chaque verre est divisé en deux segmens ayant chacun un numéro différent, sans que cette division gêne en rien la vue, et en laissant au contraire la liberté de distinguer très-bien de loin les objets en élevant les yeux, et de voir clairement à ses pieds en les abaissant. Enfin, il vient d'établir des besicles dont un verre est à tel point d'optique, et l'autre verre à tel autre, avantage précieux pour ceux dont les yeux ont une portée différente (et c'est le plus grand nombre), et qui a le grand mérite d'exercer également la force des deux yeux, au lieu que l'inaction habituelle de l'un d'eux finirait par le paralyser.

*(Extrait du **Moniteur universel**.)*

Avril 1807.

Nouvelles Besicles à double verre.

Nous avons déjà signalé dans cette Gazette le zèle de l'Ingénieur Opticien *Chevallier*, auquel nous devons les notices décadaires de nos observations météorologiques; et il paraît qu'il a voulu répondre à l'appel que nous avons fait aux opticiens dans le n.° 70, page 565, en ajoutant encore à la perfection des *Besicles* que nous annonçâmes dans cet article. Celles qu'il présente aujourd'hui, joignent au mérite de déterminer le point d'opti-

que propre à chacun des deux yeux,
et qui diffère beaucoup non-seulement d'individu à individu, mais
d'œil à œil de la même personne,
celui de rapprocher incomparable-
ment plus que les besicles ordinai-
res l'objet du spectateur, par l'ad-
dition d'un second verre. Cette différence de portée des deux yeux
n'a pas été assez indiquée jusqu'ici,
et nous croyons être d'autant plus
utiles en la signalant, que nous
pensons fermement qu'on peut ramener les yeux, surtout légère-
ment disparates, à un même foyer
visuel, à un autre d'optique sem-
blable par l'usage habituel et gra-

duellement rapporté de verres ap-
propriés. Cette différence de portée visuelle des deux yeux, est, à
quelques variétés près, la même
chez les individus, et en sens inverse de la force de celui des deux
yeux doué de la moindre étendue
de perception. On peut l'exposer
par le procédé suivant, et nous sup-
posons les deux yeux myopes; mais
l'expérience s'appliquerait également aux presbytes. Nous nomme-
rons A et B les deux yeux. A est
l'œil le moins fort, B a une force
de vision plus lointaine : or, s'il
faut un verre concave de 12 degrés
à B pour lui donner la plus grande

portée de vue possible (la force des verres est ici en raison inverse, et le n°. 1 est *l'ultimatum* des verres concaves), il faudra un verre de 6 degrés à **A**, pour le mettre à égalité de portée avec **B**; mais, si l'on ne donne point de verre à **B**; ou si on l'arme seulement d'un verre plan, le n.° 12 donnera à **A** la portée visuelle qu'a ordinairement **B** à l'œil nu, et l'on fera ainsi coïncider en proportion égale les deux rayons visuels des deux yeux; si, retournant au contraire les besicles, on oppose le n.° 12 à **A**, il jouira d'une plus grande étendue visuelle; mais le nerf optique de **B**, comme paralysé par la convergence excessive du verre trop concave, non-seulement verra moins que A, mais ne rapportera point du tout le sentiment de la vision, surtout de près. Appliquons cette théorie à l'invention moderne de l'opticien *Chevallier*. Son appareil consiste en deux cylindres très-courts, très-légers et fixés devant les yeux par deux branches de métal qui embrassent la tête. Ces deux tubes sont garnis de deux verres, dont l'antérieur est convexe, l'autre postérieur est concave, dont les foyers sont en relation, et tellement combinés que chaque tube offre à chaque œil un moyen proportionné à sa portée d'optique particulière. Enfin c'est la lorgnette de spectacles reduite à un bien plus petit volume, portative sans qu'on soit obligé de la tenir, et tellement forte de la réunion des deux verres, que dans le plus vaste horizon, comme dans la salle de spectacle la plus immense, le myope le plus faible pourrait défier l'œil le plus perçant. Mais, avec la même bonne-foi qui nous a engagés à rendre justice au zèle de l'inventeur et au mérite de l'invention, nous devons avouer que la perfection même de l'instrument excite une telle contention des nerfs optiques dont il décuple l'énergie, que son usage doit ne pas être habituel, et ne remplacer que celui des lorgnettes de spectacles. Ces besicles ne peuvent être portées dans les rues, parce que leur effet, apportant, pour ainsi dire, l'objet sous l'œil même, fait disparaître les distances, et ferait courir le risque de l'astrologue qui tombe dans un puits en mesurant les astres. Nous pensons donc que si M. *Chevallier* peut donner à ces instrumens plus de légèreté, en remplaçant, par exemple, le métal par l'écaille ; s'il peut dépouiller les verres des aréoles iridées qui

les entourent, ce qui est dû au rapprochement des deux foyers , il
rendra un service signalé à la cohor-
te nombreuse des porteurs d'yeux
myopes et de lunettes. Il a acquis
de nouveaux droits à la reconnais-
sance publique.

(*Extrait de la Gazette de Santé.*)

FIN.

CHEZ DEBON , IMPRIMEUR ,
RUE SAINT-JEAN-DE-BEAUVAIS , N.º 6.

9 782329 541730